Camila
el hada de los pastelillos

Tim Bugbird · Lara Ede

Cuando **Camila** a los cinco años
llegaba, el Correo de las Hadas Rosadas
le envió lo que ella
más **anhelaba**.

Un **sombrero** no, una **muñeca** no,
una **planta** con maceta ni nada que ella
ya tuviera recibió.

El jardín de las hadas

El papel rompió y una **risita** soltó.

«¡Una **varita**!», gritó Camila.

«¡Y esta es solamente **mía**!».

¡Radiante, brillante y nueva era su
primera varita! ¿Pero qué hacía?

Si con cuidado la agitaba
y los ojos bien cerraba,

¿pedir **bailar** toda la noche la **varita** le otorgaba?

Y si se sentaba despacito,
sin hacer ningún **ruidito**...
¿la varita haría su cama y todos sus
juguetes le guardaba?

¿O montaría un show con un perro bailarín,

los gatos darían volteretas, y un renacuajo cantarín?

¡La respuesta era **no**!

¡La varita le dijo a

Camila que una crema

para **pastel** haría!

Ella encontró un **pastelillo**

sin nada y lo colocó junto a sus pies,

y con la **varita** preparada,

¡una sorpresa rosada resultaba!

Y con la varita en **mano**, Camila quieta se quedó.

Tomó un buen respiro, pero ella **no** **se** tranquilizó ...

La agitó tan rápidamente

que la varita detenerse no podía,

remolinaba y volteretas

daba, y un destello por arriba salía.

La varita brinco y giró,

con un remolino y un zarandeo,

tanto temblor y meneo

que ella

¡rota la creyó!

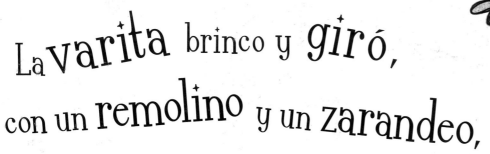

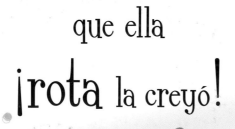

Luego con un **PUM**, estrellas el aire llenaron.

¡Ella buscó la **dulce** cobertura, pero al pastelillo nada le dejaron!

¡Y ahí hasta **arriba**, sin hacer ningún ruido, un **ratoncito** de ojos redondos estaba!

Ella entonces lo intentó otra vez, ahora agitando lentamente la varita. ¡Pero qué había

donde la cobertura
iba . . .

solo puré de papas pudo ella ver!

Una vez más Camila la agitó, no tan rápido ni tan despacio se mueve

¡Ahora encima del pastel no había nada más que

nieve!

Bueno, muñecos y bolas
de nieve no eran lo ideal,
¡pero esta linda cobertura
a ella le
salió mal!

"Ay, no," pensó Camila.

«Esto no está bien.

Mi varita no funciona,

¡esta noche estaré en vigilia!».

Pero cuando parecía que ya casi salía, en el camión rosado de las hadas, la señorita Granillo pasaba.

Camila le preguntó amablemente: "¿Qué cree que deba hacer?"

Su maestra le dijo suavemente: «¡Yo la clave te daré!».

«Hacerlo todo solo divertido no es,
¡pero si amigos te ayudan, tu obra completa ves!».

Camila a sus **amigas** llamó con su teléfono rosado de **hada**.

Molly y Maya gustosas estaban en casa.

Molly le dijo a Maya:
«¡En problemas
Camila está!

¡Volemos con nuestra,
amiga
este problema resuelto
debe estar!»

Con los ojos **bien** cerrados,

la varita no soltaban.

Una fuerte luz brilló, mientras

juntas **trabajaban**.

Luego cruzaron los dedos

en una lluvia dorada de **centellas**,

todas **desearon** juntas

mucha crema y

¡**estrellas**!

De pronto, las **amigas** hallaron la **sorpresa** más deliciosa sobre el suelo.

Con estrellas **brillantes** y el dulzor de la **crema**,

el **mejor pastelillo** estaba a sus pies.

La varita hacía maravillas, ¡pero nada le salía como el regalo de la verdadera amistad que las tres hadas compartían!